Irgendwo in Sternirre

Bibliografische Information der Deutschen National-
bibliothek:
Die Deutsche Nationalbibliothek verzeichnet diese
Publikation in der Deutschen Nationalbibliografie;
detaillierte bibliografische Daten sind im Internet
über http://dnb.d-nb.de abrufbar.

Impressum

Copyright © 2017
Autor: Franz Niemand

herausgegeben von

Sternen Blick

www.sternenblick.org
kontakt@sternenblick.org

Coverbild & Bilder
S. 3, 22, 29, 37, 48, 54, 63, 73
© Franz Niemand

Covergestaltung, Buchlayout, Buchsatz
© Stephanie Mattner

Herstellung und Verlag:
BoD - Books on Demand, Norderstedt
ISBN: 978-3-7431-9431-1

Kurz vor dem Abflug

An einem Sonntagnachmittag im August 2016 stand der 69jährige Berliner Schriftsteller Fredi Freitag auf dem flachen Dach des vierstöckigen Hauses im Reinickendorfer Stadtteil Borsigwalde, wo er in einer heruntergekommenen kleinen Wohnung im 1. Stock mehr hauste als wohnte. Er hatte sich nie dazu aufraffen können, die Wohnung zu renovieren. Er war viel zu sehr mit dem Leid der Welt beschäftigt und konnte und wollte sich mit so banalen und letztlich sinnlosen Tätigkeiten wie Wände streichen und Türen lackieren nicht einmal in Gedanken abgeben. In seinem grauen zerfurchten Gesicht flackerte ein irrer Blick. Er breitete seine langen Arme wie Flügel aus, machte mit seinen langen dünnen Beinen ein paar trippelnde Schritte in Richtung Dachrand, doch kurz davor stoppte er. „Nein, noch nicht heute aus dem Leben fliegen," sagte er sich, „obwohl, warum nicht heute? Morgen würde es auch nicht besser sein, eher schlimmer, der Wetterbericht hat für morgen Gewitter und Hagelschauer mit eigroßen Hagelkörnern ankündigt. Da könnte ich, wenn ich auf dem Dach stehe, von einem Hagelkorn erschlagen werden, und das wäre dann kein selbstbestimmter Tod, kein Freitod, sondern einer dieser berüchtigten Schicksalsschläge aus heiterem Himmel, wobei heiterer Himmel nicht stimmen würde, denn der wäre morgen alles andere als heiter. Allerdings würde so ein düsterer Gewitterhimmel wesentlich besser zu meiner Befindlichkeit passen. Der heutige Himmel ist mir zu heiter angesichts des Geschehens auf dieser Welt, in die ich erbarmungslos hineingeboren wurde. Aber durch ein eigroßes Hagelkorn, welches meine Schädeldecke durchschlägt, will ich auf keinen Fall sterben, dann lieber heute trotz des unpassend heiteren Himmels. Wie hat meine Mutter immer gesagt? „Was du heute kannst besorgen, das verschiebe nicht auf morgen." Bei Vater hat dieser Spruch funktioniert: Er hat untertänigst sofort alles gemacht, was ihm von Mutter aufgetragen wurde.

Da hörte Fredi wieder das chaotische Summen und Rauschen des Weltalls, das ihn seit Wochen plagte. Seine Mitmenschen schien dieses Summen und Rauschen nicht zu stören, ja, sie nahmen es wahrscheinlich gar nicht wahr. Diese kosmischen Geräusche machten ihn verrückt, er sehnte sich nach Stille, nach ewiger Ruhe. „Nichts wie raus aus dem Weltall!", dachte er. „Es ist besser, jetzt gleich für immer wegzufliegen, für immer aus dieser Welt auszusteigen, zumindest als jenes fühlende, denkende, verletzliche und sterbliche Menschentier, das man ist. Ganz aussteigen kann man ja leider nicht, die stofflichen Überreste, und sei es nur Asche, bleiben und verbinden sich wieder mit der Erde, aus der man nach langwierigen evolutionären Prozessen hervorgegangen ist. Aber damit muss man leben, wenn man für immer weg fliegen will." Er hatte auch daran gedacht, sich die Kugel zu geben, da dies viel schneller gehen würde als vom Dach runter zu fliegen, wo man erst aufs Dach steigen musste und dann vielleicht zwei, drei Sekunden lang hinunter flog. Aber er verwarf diese Idee wieder, denn dann hätte er am Schwarzmarkt einen Revolver oder eine Pistole kaufen müssen, und das wäre viel zu umständlich gewesen, er hätte gar nicht gewusst, wo er einen Schwarzmarkt-Waffenhändler finden könnte, und außerdem hatte er auch zu wenig Geld, er hätte für den Kauf einer Waffe sparen müssen, aber wie sollte er sparen, wenn er mehr oder minder von der Hand im Mund lebte. Nein, das wäre viel zu umständlich, dann lieber vom Dach fliegen. Aber bestünde dabei nicht die Gefahr, dass er auf den Kopf eines zufällig unten vorbeigehenden

Menschentiers stürzen könnte, auf eine dieser bemitleidenswerten Kreaturen, die blindwütig am Leben festhielten, wie beschissen es auch immer war, und in ihrer privaten Hölle am liebsten unsterblich sein würden? Nein, das wollte und konnte er niemandem antun, er wollte niemanden so unsanft aus seinen Illusionen reißen, er war schließlich kein Menschenfeind, nein, es ging ihm einzig und allein um sein eigenes Verschwinden für immer.

Er hatte auch schon längst sein Testament verfasst, in dem er als letzten Willen kundtat, man möge sich um seinen Schatten kümmern, falls ihn dieser - was zwar äußerst unwahrscheinlich war - überleben würde. Man könnte dem hinterbliebenen Schatten vielleicht eine Funktion in einem Schattenkabinett geben, etwa als Schattenminister für öffentliches Schattengeschlechtsverkehrswesen, dann müsste er nicht so ein tristes Schattendasein wie sein ehemaliger Besitzer führen. Ja, an dieses Testament musste Fredi jetzt denken, als er oben am Dach stand. Er war froh, dass er es geschrieben hatte, denn ohne das Testament wäre etwas unerledigt geblieben, und das hätte seiner Mutter gar nicht gefallen, sie hatte es gehasst, wenn etwas unerledigt blieb. „Gott hab sie selig!", dachte er, obwohl er Atheist war und seine Mutter auch nicht viel mit Gott am Hut gehabt hatte, und der Vater erst recht nicht, der war ein alter Freidenker, der nahm sich im Denken die Freiheit, die er bei Mutter nicht hatte. Fredi trat einen Schritt nach vorn bis ganz an den Dachrand, die langen dünnen Arme noch immer wie Flügel ausgebreitet, und blickte vorsichtig in die Tiefe, ob da unten jemand stünde oder herumliefe, denn dann würde er warten, bis es unten wieder frei wäre. Gerade, als es ihm günstig zu sein schien, vom Dachrand abzuheben, trat unten eine Frau mit rotem Wuschelkopf auf und blieb genau in dem Bereich stehen, wo sein Körper vermutlich aufprallen würde. „Die sieht ja aus wie die Walli! Das kann nur die Walli sein!", durchfuhr es ihn, wobei gleichzeitig das nervenzerrüttende Summen und Rauschen des Weltalls schlagartig verstummte, was ihn erleichtert aufatmen ließ. Wallis Erscheinen brachte ihn völlig aus seinem suizidalen Konzept. Er verspürte eine Aufwallung allzu menschlicher Gefühle, und das ließ ihn wieder an die Welt andocken, die ihm - und das konnte kein Zufall sein - just in dieser Situation, in der er unmittelbar vor dem finalen Abflug stand, tief unter seiner Nase Walli hingezaubert hatte. Ja, das war eindeutig die hinterhältigste Verlockung, die sich die Welt überhaupt ausdenken konnte, um ihn am Abflug zu hindern.

Walli, die eigentlich Walpurga hieß, war eine frühere Geliebte von ihm aus seiner Studentenzeit, als er an der Freien Universität Philosophie studierte, wobei er sich weit mehr revolutionären Umtrieben als dem Studium hingegeben hatte. Sie stammte aus einer Kleinstadt in Oberbayern, wo ihr Vater eine Rechtsanwaltskanzlei betrieb und Parteichef der dortigen

CSU war. Ihre Mutter litt an schweren Depressionen und zog sich manchmal für einige Wochen in eine psychiatrische Klinik zurück, was Walli als Flucht vor dem Eheleben interpretierte. Walli war ebenfalls an der Freien Universität immatrikuliert, Hauptfach Ethnologie, hatte aber keine Zeit für die Uni, da sie lieber männliche Studenten studierte, die so wie sie zur APO (Außerparlamentarischen Opposition) gehörten. Sie studierte die Studenten primär im Bett, wobei sie immer zwei, drei Studenten parallel studierte, woraus sie nie ein Geheimnis machte. Sie hatte sich eigentlich nur aus Not auf Fredi eingelassen, weil sie damals, als sie sich auf einer Fete kennen lernten, nur einen einzigen Mann als Studienobjekt zur Hand hatte, was ihr eindeutig zu wenig war. Mit zwei Studienobjekten fühlte sie sich einigermaßen ausgelastet, optimal für sie waren aber drei. Da sie keinen der jungen Männer länger als zwei, drei Monate studierte, kam eine beträchtliche Summe von Einzelstudien zusammen. Leider hatte sie die

Ergebnisse ihrer Studien nie veröffentlicht, was Fredi ausgesprochen schade fand. So eine Veröffentlichung wäre damals ein Renner gewesen, würde heute jedoch nur noch für ein überschaubares Publikum älteren Semesters interessant sein, das sich an der Rückschau auf die gute alte Zeit ergötzen möchte, als man noch wüst durcheinander gevögelt hatte. Diesem Treiben wurde von der in den 70er-Jahren aufkommende Frauenbewegung ein Ende gesetzt. Nicht wenige der linken männlichen Studenten verwandelten sich in Müsli essende und Pullover strickende Softies, die beim gemeinsamen Stricken in Männergruppen über Themen wie den Untergang des Mannes diskutierten. So mancher dieser Softies verwandelte sich später wieder in jenen Mann zurück, dessen Untergang er allzu optimistisch vorhergesagt hatte.

Fredi kratzte sich am Kopf. Er stellte sich dieselbe Frage, die der revolutionäre russische Autor und Publizist Nikolai Gawrilowitsch Tschernyschewski zum Titel eines

1863 erschienen Romans gemacht hatte, und welche einer seiner Leser, der russische Revolutionär Wladimir Iljitsch Uljanow alias Lenin als Titel für eine 1902 veröffentlichte politische Kampfschrift übernommen hatte, nämlich: „Was tun?" Der Berliner würde direkter fragen: „Wat'n nu, fliegste oda fliegste nich?" In Fredis Kopf leuchtete folgende Antwort auf: „Wegen des unerwarteten Auftauchens von Walli muss der für heute geplante finale Abflug leider storniert und auf unbestimmte Zeit verschroben - Pardon - verschoben werden." Dann stieg er vom Dach und flitzte die Treppen hinunter, um Walli noch auf der Straße anzutreffen, ehe sie wieder im Dschungel der Stadt verschwunden war.

Der Wintermond

heute leichenblass.

Tief unten
wortverkantet ein Dichter,
dem Abgrund
zum Verwechseln ähnlich.

Oh Menschentier,

kaum ausgeschlüpft,
treibst du am blinden
Tränentag
ins Nimmermeer
zurück.

Die Welt so fremd,
von Schmerz und
Schuld zerrissen,
irrst du ungeborgen
an Vogelscheuchen
vorbei.

Irgendwo in Sternirre

hinter Maskengesicht
verborgen vor dem Gegen
von Wahn zu Wahn
gestolpert
dem letzten Ausgang zu.

Herum irrend

durch die Nacht der Welt
dem sich stets entziehenden
Morgen entgegen.

An einem Stacheldrahtzaun
zwischen Fremde und Fremde
flattert ein zerfetztes
Flüchtlingshemd.

Von Geburt an

auf der Kippe stehend,
rappelst du dich
in der Schwemme
des Morgens
unbeirrbar einsilbig
noch einmal zu altem
Fadenschein auf.

Ausgekotzt

das falsche Ganze,
das Tier von unten
drängt ins Schreiben,
schreibt besessen
mit rissigen Fingern
und unlöschbarem
Urschmerzbrand.

Der Himmel ist
voll leisem Lechzen,

verkeilte Worte
schnappen nach mir,

der einsame Tag
blutet langsam aus.

Sämtlicher

Heimaten entledigt,
nur noch das fragile
innere Exil.

Und immer,
wenn ich über
Heimatdichter stolpre,
stößt mir ein Gallen-
Jodler auf.

In kaltem Neonleid

zwischen rostigen Narben
und Stacheln
entrollst du deine
gläserne Zunge
und klirrst entschlossen
niemandem voran.

Zerbrechliches Tasten

nach Worten
in einem unentwegt
kreisenden Traum.

Die kotzigen Stimmen
draußen auf der Straße
verläppern sich langsam
im Nachtgesäusel.

Meiner Rotweinflasche
mit ihrem Schweigegelübde
geht die Stille
nicht weit genug.

In gebeutelter Nacht

Wortkarambolagen,
eichenzerdorffend.

Das letzte Gebiss
heute auf halbmast,

endzeitklappernd.

Wer wagt es noch,

das Mondrhinozeros
frei im Hirn herumlaufen
zu lassen?

Ein Generalangriff
romantischer Zungen
verhunzt des höchst seltsamen
Dichterkauzes Verse.

Die Nacht leistet
erbitterten Widerstand
gegen die Hymnen
auf sie.

Das Mondrhinozeros
randaliert.

Unterm Flieder

ein Dichter im Koma,
vorübergehend
dem Zeitbiss entwichen.

Beim Erwachen
der Überfall zottiger Sorgen,
die Pathosblase ist geplatzt,
die schielende Muse der Nacht
hat sich mit einem anderen Federknilch
längst aus dem Staub gemacht.

Aus dem Flieder kreucht
ein verknitterter Dichter,
von pietätlosen Spatzen
ausgezwitschert.

Schwimmen Erdbeerlippen

und Silberblicke
durch neuronale Blitzlichtgewitter
in umnachteter Scheinbarwelt
mit einsturzgefährdetem
Anwesenheitszwang.

Im Schleudergang von
Weltuntergängen
über abgenagten
Sehnsuchtsknochen darbend,
träumt sich das alte Winterherz
noch einmal zum Kranichflug
empor.

Tiefzart

die Erschütterung
des alten verwitterten Bocks
angesichts der schönen
Nachtattrappe
mit dem betörenden Timbre
in den Augen
und dem absichtslos
gelockten Lächeln.

Inmitten
bricht im alten Bock
ein seliges Knarren und
Ächzen aus.

Die Träume
sind heruntergebrannt,
der Mond heult erbärmlich
draußen vor der Tür.

Fiebernd ersehnst du
die Wiederkehr
der prächtig blauen
Muse Suse.

Oh, ihre dunkel
verlüsterten Augen,
wie sie bereits durch dein
Südhirn glühen!

Schnell noch
eine Pirouette gedreht
vor dem eisigen Spiegel
Vergänglichkeit.

Die angebetete

kalte Schulter
der blassen Hinterhof-
Najade,
berieselt von schaurig
brünstiger Leier
des ewig sterbenden
Dichterschwans.

Schon sammeln sich
die dionysischen Luder
kreischend zu seiner
Zerfetzung.

Schwundzeit

ist angebrochen,
aus Hirnrissen tröpfelt
Endgültiges.

Noch blubbern
in luftiger Erinnerung
die lüstern schimmernden
Perlmütter.

Eine Traumfegerin
fegt durch die nächtliche Stund,
in die du dich verirrwischst,
du armer Hund.

Die Musik ist zerstoben,

nur noch die Ich-Wrack-Scheuche,
windrostig ächzt sie
in verstörter Nacht.

Auf der Achterbahn
rein geschleudert in die Endzeitkurve,
noch faltet sich Rot
über Schicksalsschlünden auf,
noch Aufbrüche aus dem Schlamm,
viel träumendes mikro-
kosmisches Geschwärme,
und die Sterne blöken teilnahmslos
darüber hinweg.

Oben
auf den Absturzrampen der Engel
warten die nächsten Geschöpflinge,
blicklos ineinander verwoben noch,
und milchiges Licht
rinnt von ihren Häuten.

Unten
aus der Ahnenkiste
springt ein Dibbuk hervor
und tanzt mit dir in den Spiegel hinein,
in dem du wie ein flüchtiges Trugbild
verschwindest.

Stummer Schrei

aus tiefster Plüschseele
in dröhnender Glücksschrott-
Einsamkeit.

Dann wieder blindlings
weiter gezappelt
im implantierten Galeerentakt
in Richtung Untergang.

Aus der Norm gestürzt,

nach innen verschollen,
Hirnverschüttetes
von unten her scharrt.

Knapp an deinem Kropf
vorbei geschnörkelt
die grauen Menuette,
obrigkeitsbuckelnd.

Fiel Grobglanz auf dich,
ein viel gelarvter,
als der gilbende Tag
zu kleben begann.

Und die Schnapsdrossel
lallte glasige Gesänge
ins Abseitige bereits,

unwiderstehlich.

Aus tragikumwittertem

Weltrauschen
in die Überbelichtung
entrückt.

Im Spiegel
die hypersensible
Echse in mir,

sie starrt mich
aus Sumpfzeitaugen an.

Schwarzfüße,

Krähenfüße,
deine Füße,
verschwiegen im Sand,
im Schnee.

Im Aufruhr kein Schrei,
auf dem Steckbrief
knorrig verschlossen,
tragen sie dein Körpergestell
zum Inzestdrama mit Big Mama
auf schuldbesudelten
Vorzeitlaken.

Nirgendwo mehr
sind deine Spuren,
sind verschüttet,
verschollen
auf endlosen Heils-
schlachtfeldern.

Misstrauisch beäugt

von verscheuklappten
Besserwichteln
den handelsüblichen
Wortaufläufen
in die Fremdminimale
entkommen.

Nachtohren,

horchend ins Schweigen
jeden Wortes.

Oh, das zartbittere
Dichterkerzflämmchen,
das auf und ab züngelnde
Gekrakel
in einem sich selbst
verzehrenden Traum.

Geburtstag,

wie üblich traumeinwärts
geklappt
und den Schwermutbrocken
in der Galle.

Draußen ein lasziver Regen,

hastig entkleidet sich die Nacht.

Nicht mehr fern das Licht,
dem niemand entrinnen kann.

Im Bettelschatten

verkübelter Fremdnis
das befleckte Gehör
nach innen gestülpt.

Süchtig an vergilbten
Sternschriften leckend,
kommt dir die Glut,
die Flut, das Blut.

Von südlichen Stränden
weht eine alte Liebe,
deinen Abstürzen
unentrinnbar vertraut.

Es träumt dir bitter
vom Honigtod
in den weichen Fängen
von Rosenrot.

Grimmelig

im Hirnunterholz
brauen sich nackte
hungrige Worte
gegen das Sentimental-
Wehweh
und korrekt verleimte
Gereimte
zusammen.

Die innerorphische
Schwulstleier
leiert indessen
unverdrosselt
das Weltlamento
weiter.

Lichtriss

auf allen Seinskanälen,
längst hat kalter Stein
von uns Besitz ergriffen.

Ein letztes Herzschmalz
quetscht sich noch
aus abgewracktem
Tintensack.

Im Kellerloch tanzt
ein Jenseitsschlucker
ums nackte Hirngespinst
herum.

Als du nackt da lagst,

Nacht,
auf meinem Hungersofa,
da zeigtest du mir
deine Milchstraße,
und es war ein
glitzerndes Vergessen
im aufwallenden Blut
deiner Sterne,
die ihre stöhnenden
Gesänge erhoben.

Und als du mich
angesaugt hast
mit deinem glutroten Mond,
da wollte ich nie wieder zurück
in den grellen Tag
der Masken und Fassaden.

Ihr,

der verwundeten Seele,
von Geburt an
im Mordschatten schlackernd
über den Furchen der Erde,
aus denen die Schreie der
Toten wachsen,
brennen sich von Mitternacht
zu Mitternacht
Tränen unendlicher Trauer
ein.

Einsames Steinherz,

narbenübersätes,
trudelst du
durch den Sturzbach der Nacht,
und die Toten spielen auf dazu,
spielen heiße Rhythmen
vergessener Völker
und singen dir zu:

Wirf ab das Kreuz,
kein Blut mehr trink,
und rette dich,
du einsames Steinherz,
in den unberührbar
tanzenden Traum.

Gepackt

vom Sog nach unten
fällst du ins Bodenlose,
und fällst und fällst
nach unten,
nach unten.

Zurückgekehrt
aus Untergängen
gibst du dich
nicht wiederzuerkennen.

Sternbenebelt

der Tropfen Welt,
die zu durchwandelnde
Träne Licht,
von Schritt zu Schritt
zerrinnend.

Stern,

der du nicht mehr bist,

ich hör noch dein Lachen
im träumenden Korn.

Im flirrenden Licht

der Erscheinungen
widerwillig
auch du erscheinend.

In der Herbstkulisse
heute ein Riss,
mitten durch dich
hindurch.

Unermesslich

fällt die Nacht
in rauschige Hinterhirn-
Wälder ein.

In allen Zellen dröhnt
ein dornig verknotetes
Niemals.

Albtriebig

Wortschattenkäuze
im Schädel,

lustwundlings
in Heillos-Minor
geflattert.

Auf kahlem Ast

ein Dichter,
steil nachtgläubig
ins Mondhorn stummend.

Ein Weltschmerzecho
jault unhörbar auf.

Die Schatten tanzen
den Nimmermehr-
Walzer.

Spätüberflutung,

oh, diese purpurnen
Lippenmeere
und lüsternen Vulkane!

Die inneren Schriften
der Hirnrichter verworfen,

das Weltschlamassel
ausgeblendet,

es wird gelottert und gebebt.

Vollbemondet

dem Weltzeigersinn entlaufen,
treten wir traumblütig
über die Ufer,

bis zur Morgenstund,

die hat Schrund im Mund.

Auf steinigem Hirnpfad

an steil abfallender
Erinnerung vorbei.

Es zerrt die Unruh
vor dem nächsten zwi-
wittrigen Wort.

Langsam

dem Weltgetöse
entstotternd,
noch ein revoltiges
Rumpeln im Hirn,
noch ein Krächzen
aus letzter Kehle
gegen den Schmerz-
und Mühsalsfluch.

Der Mond galoppiert

immer schneller
und schneller.

Im Sterbezimmer
brummt eine Fliege
beharrlich das Hier-und-Jetzt-
Alphorn.

Traumflaute,

nicht einmal ein
schwaches Lüftchen
weht vom Paradies her.

Schwermut,
trübe alte Schwester,
in deinen Augen
schwarze Tinte,

bodenlos.

Der Herbstwind rüttelt

an meinen Knochen,

entlaubt steh ich heut
in der Welt herum,

bin Luftmensch geblieben
und ein Habenichts.

Im zur Neige gehenden

Krabbeln und Brabbeln,
im Strom von Augenblick
zu Augenblick
welken Hirn und Fleisch
und Knochen dahin.

Im zerbrechenden Licht
starrst du sehnsüchtig
zum Horizont,
dahinter die Jenseitskaschemme
mit ihrem Glückseligkeits-
Rumpeln.

Im letzten Flackern der
Herz-Schmerz-Funzel
von der Einsicht getroffen,
im Weltall ausgesetztes Hirnvieh
mit einer Albtraumglocke
gewesen zu sein.

Ein dichtender

Narrenschatten,
vorüber fliehend von Wort
zu Staub,

ein welkes Herbstblatt,
windtrunken fallend,
von niemandes Händen
aufzufangen.

Im Mondschein

entkuht sich eine Sonate,

es rinnt kein warmer Ton mehr
in die zuckende Seele,

ein narbiges Schweigen
klafft in dir,

zunehmend bröckelt
die Welt von dir ab.

Traumgallig

den Schwülsprachnebel
bis zum letzten Kontrasprung
zerstottert.

Unter den Worten
der Abgrund,

nicht mehr zu überbrücken.

Mit letzter

gesammelter Nacht
sind die so oft missbrauchten
Worte
aus allen Metaphern
gesprungen.

Und täglich entgleist
der Murmeldichter.

Mond,

mein alter Zechkumpan,
wir beide sturzverloren
im Weltall
schlingern durch die
sterbliche Nacht.

Ein Sterngelächter
kommt auf
von Bordsteinklippe
zu Bordsteinklippe.

Nastrovje,
irrlichternde Poetenfreunde,
zückt weiter eure Worte,
eure Farben, euren Wahn
in der Armen-Hunde-Welt
gegen den klappernden
Knochenkönig.

Inhalt

Kurz vor dem Abflug	7
Der Wintermond	19
Oh Menschentier	20
Irgendwo in Sternirre	21
Herum irrend	23
Von Geburt an	24
Ausgekotzt	25
Der Himmel ist	26
Sämtlicher	27
In kaltem Neonleid	28
Zerbrechliches Tasten	30
In gebeutelter Nacht	31
Wer wagt es noch	32

Unterm Flieder 33
Schwimmen Erdbeerlippen 34
Tiefzart 35
Die Träume 36
Die angebetete 38
Schwundzeit 39
Die Musik ist zerstoben 40
Stummer Schrei 42
Aus der Norm gestürzt 43
Aus tragikumwittertem 44
Schwarzfüße 45
Misstrauisch beäugt 46
Nachtohren 47
Geburtstag 49
Im Bettelschatten 50
Grimmelig 51
Lichtriss 52
Als du nackt da lagst 53
Ihr 55
Einsames Steinherz 56

Gepackt	57
Sternbenebelt	58
Stern	59
Im flirrenden Licht	60
Unermesslich	61
Albtriebig	62
Auf kahlem Ast	64
Spätüberflutung	65
Vollbemondet	66
Auf steinigem Hirnpfad	67
Langsam	68
Der Mond galoppiert	69
Traumflaute	70
Der Herbstwind rüttelt	71
Im zur Neige gehenden	72
Ein dichtender	74
Im Mondschein	75
Traumgallig	76
Mit letzter	77
Mond	78

Franz Niemand ist das Pseudonym des in Wien geborenen Autors, Dichters und Malers Johannes Morschl. Seit vielen Jahren lebt er in Berlin und schöpft seine Kreativität voll aus. Nach der Veröffentlichung des Kurzgeschichtenbandes „Der Sonderfall aus dem Kellerloch" ist „Irgendwo in Sternirre" der erste Gedichtband des Ausnahmekünstlers. Regelmäßig ist er an verschiedenen Lesungen beteiligt, darunter aktiv bei der „Kreuzberger Literaturwerkstatt" in Berlin.